Les États-Unis, L'Espagne

et la Presse Française

Par Alberto RUZ

(EGMONT)

PARIS

PAUL DUPONT, ÉDITEUR

4, RUE DU BOULOI

—

1898

AVANT-PROPOS

Comment, dans un pays généreux comme la France, l'opinion publique s'est-elle prononcée d'abord contre les Cubains opprimés, puis contre les Américains qui, en venant à leur secours, font exactement ce que la France fit pour eux-mêmes au siècle dernier ?

C'est que les journaux ont égaré l'opinion publique. S'il en est qui l'ont trompée par ignorance, puissent ces pages les désabuser ! Quant à ceux qui savaient ce qu'ils faisaient en nous calomniant, nous n'avons pas la naïveté d'espérer les convaincre, sachant qu'il n'est de pires sourds que ceux qui ne veulent pas entendre ; mais notre conscience nous ordonne de leur répondre et nous ne les ménagerons pas plus qu'ils ne nous ont eux-mêmes ménagés.

En tout cas, nous ne confondons pas la presse française avec la nation française. Nous avons toujours aimé la France, nous l'aimons encore. C'est précisément pourquoi nous souffrons de la voir renier son glorieux passé d'héroïque et généreuse émancipatrice.

Alberto Ruz.

Les États-Unis, L'Espagne

et la Presse Française

Nous touchons au dénouement d'un grand drame historique : l'heure de la délivrance va sonner pour un peuple martyr. Le public, empoigné, est fiévreusement agité ; il crie, il hurle, il blasphème. C'est une horrible symphonie dans laquelle l'ignorance, l'imbécillité et la haine font merveille. Au milieu de ce vacarme, il faut que quelqu'un, dût-il être le seul, parle au nom de la vérité outragée ; élevons donc notre humble voix. Si elle ne convainc personne, nous aurons du moins la satisfaction d'avoir fait notre devoir.

L'âme sentimentale de la foule se complaît aux dénouements où le juste est récompensé et le méchant puni ; mais aujourd'hui la foule acclame le criminel. Ses outrages sont pour la victime et ses malédictions pour le justicier.

Tel est — hélas ! — la puissance du mensonge. Une presse indigne a empoisonné la conscience publique ; la foule a été trompée et c'est parce qu'elle a été trompée qu'elle est, à l'heure présente, aveugle, inique, odieuse.

On a trompé l'opinion publique sur le caractère de la révolution cubaine. — La vérité sur les flibustiers. — Les *soi-disant* syndicats américains. — Le patriotisme cubain.

Il faut se résigner à reconnaître que le nombre est bien petit de ceux qui sont capables de se faire par eux-mêmes une opinion en quoi que ce soit. L'immense majorité des mortels aime les idées qu'on lui donne toutes faites ; et par cela même qu'elle est incapable d'arriver par la synthèse à la formation de ces idées, elle est incapable de les décomposer par l'analyse pour en contrôler les éléments constitutifs. C'est pourquoi le public n'a sur les événements qui se déroulent que l'opinion du journal qu'il lit. Or, la presse, en ce qui concerne la révolution cubaine, a constamment trompé le public (1).

Tout d'abord sur le caractère de cette révolution. On l'a présentée comme un mouvement en quelque sorte criminel, ayant à sa tête des gens sans aveu, des aventuriers. Il suffisait, pourtant, de connaître l'histoire de Cuba, ne fût-ce que depuis le commencement de ce siècle, pour s'assurer que la révolution actuelle, venant après une suite ininterrompue de conspirations et de révoltes, est tout simplement l'effort héroïque et suprême d'un peuple impitoya-

---

(1) Il y a quelques exceptions, très rares d'ailleurs. Par « la presse » nous entendons la très grande majorité des journaux qui font opinion.

blement opprimé. Elle est l'expression d'un sentiment aujourd'hui unanime, mais qui a pris naissance dans les régions les plus élevées et les plus
pures de la société cubaine. Elle a été prêchée depuis longtemps par nos écrivains, nos penseurs, les
Caballero, les Francisco Arango, les Saco, les Va-
rela; elle a été chantée par nos poètes, les José-
Maria Heredia, les Placido, les Zenea et tant
d'autres. Dès 1823, J.-M. Heredia écrivait:

> Cuba, tu te verras enfin libre et pure !
> De rien ne serviront les forfaits du tyran.
> Ce n'est pas en vain qu'entre Cuba et l'Espagne
> L'Océan immense étend ses flots.

En un mot, comme toutes les grandes idées qui,
à un moment donné de l'histoire, représentent les
aspirations d'une société vers un idéal dont la réa-
lisation sera un progrès pour l'humanité entière,
le séparatisme cubain, avant de descendre dans les
masses, a pris naissance et s'est fortifié dans l'âme
des plus intelligents et des meilleurs. Il a été une
idée avant d'être une force; le penseur épris de
justice a précédé l'insurgé.

Aujourd'hui, riches ou pauvres, ignorants ou
savants, tous les Cubains exècrent également la
tyrannie espagnole (1). Nous pourrions citer par

------

(1) A son retour de Cuba, le général espagnol Canella
disait à un reporter de l'*Imparcial* de Madrid : « Tout le pays,
sauf les péninsulaires et l'élément officiel, est avec les
insurgés. »

La *Publicidad* de Barcelone a dit avec raison: « A Cuba, il centaines les écrivains, les professeurs des Facultés, les avocats, les ingénieurs, les médecins, qui partagent avec les millionnaires et les simples paysans les dangers, les souffrances, mais aussi la gloire impérissable de cette guerre de l'indépendance cubaine.

On a dit encore que la révolution comptait parmi ses chefs de nombreux étrangers et, pour appuyer cette affirmation, on est arrivé à citer *deux* hommes : Maximo Gomez, originaire de Saint-Domingue, et Roloff, Polonais. En effet, ni Maximo Gomez ni Roloff ne sont Cubains de naissance, mais ils le sont tous deux de cœur et le prouvent depuis trente ans. Le premier a épousé une Cubaine et a voué sa vie à la cause de l'émancipation de Cuba. A cette cause, il a tout sacrifié, jusqu'à son fils Francisco, tombé à Punta-Brava, aux côtés du glorieux Maceo. Pour montrer ce qu'est, en réalité, cet homme admirable qu'on a voulu faire passer pour « un aventurier de la pire espèce », nous ne pouvons faire mieux que d'emprunter les lignes suivantes à l'un de ses biographes : « Lors-« qu'en 1886, en présence de la perfidie de l'Es-« pagne qui ne tenait aucune des promesses sti-« pulées dans le pacte de Zanjon, les Cubains

---

faut nous méfier de tout fils du pays qui se donne comme notre ami, depuis l'autonomiste qui nous tend une main et qui tend l'autre à Maceo jusqu'au dernier enfant même issu de parents espagnols. »

C'est un fait bien connu : à Cuba, les Espagnols n'ont pu faire des enfants espagnols.

« commencèrent à conspirer à l'étranger et firent
« appel au vieux soldat; celui-ci quitta le Hon-
« duras où il résidait et se rendit à la Jamaïque,
« l'un des centres révolutionnaires. Maximo Gomez
« était dans une situation de fortune désespérée ;
« le grand soldat manquait de tout. Sur ces entre-
« faites arriva à la Jamaïque M. Lorenzo Mercado,
« originaire de Porto-Rico et ami de Gomez. Dès
« qu'il eut vu ce dernier, M. Mercado alla trouver
« un médecin pour lui demander quel pouvait être
« le mal dont l'illustre chef souffrait. Gomez est en
« train de succomber aux privations, dit le mé-
« decin. M. Mercado courut en toute hâte à la re-
« cherche de Gomez et lui demanda des détails sur
« sa situation actuelle. « Ma situation est toujours
« la même, répondit Gomez je suis pauvre ; mais
« aujourd'hui je suis un peu plus mal, parce que
« je ne puis trouver de travail. — Dans ce cas, ré-
« pliqua M. Mercado, j'exige que vous acceptiez
« mon aide ; vous êtes malade ; vous vous laissez
« mourir et vous ne vous appartenez pas. Souvenez-
« vous que Cuba voit en vous son libérateur. »
« Mercado se retira et fit parvenir à Gomez entre
« autres choses une caisse contenant douze bou-
« teilles de vin de Porto de qualité exceptionnelle
« et valant soixante piastres. Gomez ne voulait en
« aucune façon recevoir le cadeau. « C'est trop cher,
« disait-il, faisons une transaction : il y a du vin
« excellent à six piastres la caisse, changez cette
« caisse pour une autre de six piastres, et les cin-
« quante-quatre piastres de différence iront aug-

« menter les fonds de la révolution prochaine. »
« A quoi Mercado répondit : « Pas du tout ; si vous
« acceptez ce que je vous ai donné et que vous bu-
« viez ce vin, je donnerai six fois sa valeur à la
« caisse révolutionnaire ; sinon, je ne donne rien. »
« Gomez n'insista plus et comme Mercado se dis-
« posait à lui donner un chèque de 120 livres ster-
« ling. « Allons les déposer à la banque, dit-il, voici
« mon livret. »

« Quelle ne fut pas la stupéfaction de Mercado !
« Le livret mettait en évidence qu'il y avait à la
« banque cinq mille six cents piastres en or
« (28,000 francs) déposés à l'ordre de Maximo Go-
« mez. Et cet homme mourait de faim ! « Comment
« avez-vous enduré tant de privations en ayant cet
« argent à votre disposition? — Cela ne m'appar-
« tient pas, répondit simplement Maximo Gomez ;
« cet argent est sacré, il est pour Cuba. »

. . . .

« La révolution de 1895 surprit Gomez à Mon-
« tecristi (Saint-Domingue) où il vivait d'une petite
« terre en compagnie de sa femme et de ses deux
« fils, François et Maxime. La voix de Marti par-
« vint jusqu'à lui, et il partit pour les côtes cubaines
« dans une petite barque, avec son fils François.
« Sa présence donna un élan irrésistible à la révo-
« lution naissante. Il remit son fils à l'immortel
« Antonio Macco, en lui disant : « Voilà ce que j'ai de
« plus cher au monde; fais-en un homme et ap-
« prends-lui à mourir en patriote. Et le 7 décembre

« 1896, Francisco Gomez mourait à Punta-Brava
« sur le cadavre de son chef. »

Voilà l'homme. Quant au Polonais Roloff, il est
aussi un honnête homme et un vaillant soldat. Il
était établi à Cienfuegos lorsque éclata l'insurrection
de 1868, et depuis lors, c'est-à-dire depuis trente
ans, il combat pour la liberté cubaine.

Au surplus, toutes ces insinuations, sans compter
qu'elles sont calomnieuses, sont déplacées sous la
plume des journalistes français. Ne revendiquent-ils
pas comme des gloires nationales et Kléber, officier
bavarois, élève du Prytanée de Munich, et Masséna
qui ne reçut ses lettres de naturalisation qu'après
la chute de l'Empire, et l'héroïque Poniatowski,
et Napoléon lui-même qui n'aurait jamais été Français si, en 1768, la république de Gênes endettée envers la France ne s'était acquittée par la cession de
la Corse ? Il ne vient pourtant pas à l'idée des Cubains de dire que les premiers rôles appartiennent
à des étrangers dans les épopées révolutionnaire et
impériale, ni même dans les expéditions soi-disant
civilisatrices du Tonkin, du Dahomey et de Madagascar, où une bonne partie de la besogne a été
faite par la *légion étrangère*.

D'après les journaux français, ce sont les Etats-
Unis qui ont alimenté la rébellion à Cuba. Il faut
s'entendre. Nous reconnaissons que c'est aux Etats-
Unis que les Cubains se sont procuré armes et
munitions, mais ils l'ont fait à leurs propres frais ;
nous le démontrerons un peu plus loin. Pour le moment, il nous faut réduire au néant l'accusation,

lancée contre les Etats-Unis, de violer les lois de la neutralité.

Tout d'abord, ce n'est pas le gouvernement américain, ce sont des manufactures d'armes, c'est-à-dire des particuliers, qui vendaient ces armes au comité révolutionnaire cubain. Et ces particuliers ne violaient aucune loi : le commerce des armes est absolument libre en Amérique. Ce que les lois internationales interdisent, c'est la sortie d'*expéditions armées* ; et les Cubains ont pris d'habiles précautions pour tourner les difficultés, pour tourner la loi, si l'on veut. Le président Mac Kinley l'a proclamé solennellement dans son fameux message; il n'était pas en son pouvoir d'empêcher que les émigrés cubains fissent parvenir des secours à leurs compatriotes en armes. Cependant, un certain nombre d'expéditions armées ont été arrêtées à leur départ, et à plusieurs reprises les tribunaux américains ont eu à juger des Cubains coupables de vouloir courir à la défense de leur pays.

D'ailleurs, les Etats-Unis n'avaient aucune neutralité à observer; ils ont fait pour l'Espagne plus qu'ils n'étaient tenus de faire, la métropole n'ayant pas reconnu officiellement l'état de guerre à Cuba, parce que cette reconnaissance aurait contenu implicitement celle du droit de belligérants aux rebelles.

Nous sommes arrivés à ce que la presse française a appelé « les flibustiers américains » et que a p resse espagnole moins anti-cubaine — quoique p l us intéressée à l'être — nomme seulement « les flibustiers des Etats-Unis ». Tout le monde sait (du moins, nous le supposons) que Cuba est une île et, par conséquent, qu'on ne peut y arriver que par mer. Or, les Cubains ne pouvant faire venir leurs armes que du dehors, force leur a été d'avoir recours à des vaisseaux, qu'on a nommés *vaisseaux flibustiers.* Dès l'origine, les Espagnols appelèrent flibustiers tous ceux qui débarquaient à Cuba avec des projets révolutionnaires; mais, aujourd'hui, ils comprennent sous cette appellation tous les partisans de l'indépendance cubaine, à quelque nationalité qu'ils appartiennent. Les journaux de Madrid ne se contentent plus des flibustiers des Etats-Unis, ils nous parlent aussi des flibustiers de Paris; ils attaquent avec plus ou moins de violence le flibustier Rochefort, le flibustier de Cassagnac, le flibustier Henri Bauer, le flibustier Elisée Reclus. Ils se moquent parfois même de leur compatriote, « le flibustier Pi y Margall », le chef vénéré du parti républicain fédéraliste, l'ancien président de la République espagnole. Il est pourtant inutile de dire que les personnes qui composent la riche et aristocratique colonie cubaine de Paris et les autres que nous avons nommées ne sont pas ce que, d'après le dictionnaire, devraient être des flibustiers vraiment dignes de ce nom.

Dans cette question des flibustiers, il est possible que la presse ait été elle-même induite en erreur. Les Espagnols disent *filibustero,* et il est assez logique après tout de traduire ce mot par flibustier. On reconnaîtra cependant que les Espagnols auraient dû, au nom de la fameuse « loyauté castillane», prévenir leurs amis que cette manière de traduire laisse à désirer. Mais, bah! ce n'est pas la première fois que nous trouvons la loyauté castillane en défaut. Les Castillans avaient intérêt à ne pas désabuser le public, et s'il est vrai qu'ils sont chevaleresques comme leur ancêtre, le Cid, ils sont également... subtils comme Escobar, qui est aussi de leurs ancêtres. C'est pourquoi ils ne manqueront pas de faire remarquer qu'ils n'ont trompé personne. Fi donc! ils en sont incapables. On s'est trompé et c'est tout au plus s'ils ont laissé faire.

Et puis, soyons justes; les Espagnols ne sont pas les seuls qui donnent des qualificatifs peu flatteurs à leurs ennemis. Cet usage remonte à la plus haute antiquité. On le trouve chez tous les peuples depuis les Romains qui appelaient barbare tout ce qui n'était pas Romain, jusqu'aux Français traitant de pirates les patriotes du Tonkin, et gratifiant de l'étiquette de brigands les patriotes de tous les pays qui refusent de se laisser « civiliser » par eux.

La presse française a constamment répété que la révolution cubaine a été entretenue par des flibustiers et par des syndicats américains. Nous avons dit la vérité sur les flibustiers; voyons maintenant ce que sont ces fameux syndicats dont on a parlé en termes vagues et contradictoires. Tantôt ce sont des syndicats *sucriers*, tantôt ce sont des syndicats non sucriers, car cette bonne presse ne sait pas au juste. Que voulez-vous? on ne peut pas mettre d'accord toutes les imaginations et c'est encore à « la folle du logis » que nous devons ces syndicats.

On ne connaît pas en Europe le patriotisme des Cubains, et le connaîtrait-on qu'il paraîtrait invraisemblable par ce temps de corruption et de veulerie. Comment des journalistes français habitués à avoir le nez dans les ordures les plus immondes peuvent-ils supposer qu'il y ait quelque part une atmosphère pure et des hommes semblables à eux, en chair et en os, capables des sacrifices les plus sublimes pour une noble idée? Désillusionnés par les scandales parlementaires, financiers et mondains, par les chantages, les escroqueries, par toutes les hontes et toutes les bassesses qui caractérisent notre triste époque, ils proclament hardiment que « les temps héroïques sont finis »... Eh bien ! non; on n'est pas « fin dé siècle » partout.

Après la grande insurrection de 1868-1878, on aurait pu croire que cette glorieuse lutte avait épuisé tout le patriotisme des Cubains et que, découragés par une douloureuse épreuve, ils se résignaient à vivre éternellement sous le joug espagnol. Il n'en est rien. La période de paix qui s'étend de 1878 au 24 février 1895 ne fut qu'une paix apparente, troublée d'ailleurs par les mouvements de 1879 (la petite guerre) et de 1881, qui échouèrent. Cette période fut en réalité une période de travail souterrain mais incessant, pendant laquelle se révélèrent des dévouements admirables. Ce fut la préparation, l'organisation de la révolution actuelle; ce fut l'œuvre de notre inoubliable José Marti.

***

Pendant quinze ans, Marti a travaillé avec une activité surhumaine, sans que les obstacles, les intrigues ni les railleries aient jamais ébranlé sa foi d'apôtre. A la tribune, dans la presse il combat sans relâche l'Espagne; mais il comprend bientôt que les paroles ne suffisent pas; il faut des actes. Ce n'est pas tout de gagner des partisans, il faut des armes, des munitions, de l'argent. Dès lors il parcourt fiévreusement l'Amérique, ranimant les courages, fondant des clubs, des journaux. En même temps, il correspond avec Maximo Gomez, Maceo, Calixto Garcia, Lacret, Roloff. A Cuba, l'espérance renaît dans le cœur des patriotes, des armes introduites avec des précautions infinies sont soigneusement cachées. A l'étranger, les clubs qu'il a fondés fonctionnent régulièrement, réunissant des fonds; c'est le trésor révolutionnaire qui s'enrichit de jour en jour. Enfin tout est prêt, le jour de gloire est arrivé. Le 24 février 1895, les Cubains se lancent de nouveau à la lutte, à la sainte lutte pour la liberté, et le 20 mai 1895 José Marti tombe à Dos Rios sous les balles espagnoles, couronnant sa belle et pure carrière d'apôtre par une mort de héros.

D'après ce que nous avons lu ici dans les journaux nous avons lieu de croire que ce sont ces clubs d'émigrés cubains chargés de soutenir moralement et matériellement la Révolution que les publicistes français ont présentés comme des syndicats américains.

Voici les noms des principaux clubs cubains;

nous ne pouvons prétendre les citer tous, car il y en a quelques centaines:

Mexique.

Protesta de Baraguá	à	Vera-Cruz.
Nada con España		Id.
José de la Luz y Caballero		Id.
Bartolomé Massó		Id.
Enrique Creci		Id.
Juarez y Cespedes		Puebla.

Chili.

Comité cubain	à	Iquique.
Comité cubain		Antofagasta.
Comité cubain		Copiapó.
Sous-comité cubain		Caldera.
Comité cubain		Coquimbo.
Comité Aristides Agüero		La Serena.
Comité cubain		Tarapacá.

Pérou.

Club Leoncio Prado	à	Lima.
Club Independencia de Cuba		Callao.

États-Unis.

Club Oscar Primelles	à	New-York.
— *José Maria Heredia*		Id.
— *Salvador Herrera*		Id.
— *General Calixto Garcia*		Id.

Club Lírico-Dramático	à New-York.
— Paquito Borrero	Id.
— Juan Bruno Zayas	Id.
— Las Dos Banderas	Id.
— Independientes	Id.
— Patria	Id.
— República de Cuba	Nlle.-Orléans.
— Rafael Quesada	Id.
Liga Cubana Americana	Id.
Santiago de las Vegas	Key-West
Mercedes Varona	Id.
Perico Cesteros	Id.
Hijas de la Libertad	Id.
Luz de Yara	Id.
Auxiliadoras de la Revolución	Id.
José Maceo, número 1	Id.
Aurelio Ney	Id.
Patria y Concordia	Id.
Servidores de la Patria	Id.
José Maceo, número 2	Id.
San Carlos	Id.
27 de Noviembre	Id.
Calixto G. Iñiguez	Id.
Domingo Mujica	Id.
Vengadores de Maceo	Id.
Hospitalarias Cubanas	Id.
Occidente	Id.
José Francisco Lamadriz	Id.
Yaguaramas Intransigentes	Id.
Lares y Yara	Id.
Protectoras de la Patria	Id.
Santa María del Rosario	Id.
Mercedes Varona, número 2	Id.
Flor Crombet	Id.

Dos Ríos y Punta Brava	à Key-West.
Mariana Grajales	Id.
Serafín Sánchez	Id.
Hermanas de Perico Díaz	Id.
Bartolomé Massó	Id.
Juan de Dios Barrios	Id.
Cabaniguan	Id.
Brigadier Aranguren	Id.
Cayo Hueso	Id.
Horacio S. Rubens	Tampa.
Justo Carrillo	Id.
Federico de la Torre	Id.
Consejo de Martí	Id.
Liceo Cubano	Id.

Colombie.

Maceo	à Cali.
Amigos de Cuba	Cucutá.
Comité cubain	Bucaramanga.
Máximo Gómez	Honda.
Maceo	Bogotá.

Brésil.

Comité central cubain	à Río de Janeiro.
Club Brasileiro Comercial	Id.

Bolivie

Comité cubain	à Sucre.
Comité cubain	Cochabamba.

Comité cubain   à La Paz.
Comité cubain   Potosí.

Saint-Domingue.

Guillermo Moncada   à Saint-Domingue.

Venezuela.

Cuba Libre   à   Caracas.
Las Dos Antillas   Id.
Centro propagandista Cubano   Id.
Carlos Manuel de Cespedès   Id.
Sociedad benefica cubana   Id.
Club Sucre   Puerto Cabello.
Club Hatuey   Rio Chico.
Club cubano Ricas D'avila   Mérida.
Club Sucre   Maracáibo.
Club Revolucionario cubano An-
 tonio López   Colón del Tachisa.
Centro propagandista Antonio
 Maceo   Capatarida.
Centro propagandista José Maceo ·   Guazipati.
     etc., etc.

On voit que, partout où il y a une poignée de
Cubains émigrés, ils se sont réunis pour soutenir
leurs frères en armes. La presse de France aurait
donc aussi bien pu parler de syndicats mexi-
cains, boliviens, chiliens ou colombiens, que de
syndicats américains.

Il y a une catégorie d'émigrés cubains qui mérite

une mention spéciale parce qu'elle a fait preuve d'un patriotisme pour ainsi dire sans précédent dans l'histoire. Nous voulons parler des ouvriers employés dans les manufactures de tabac de Key-West, Tampa et autres villes de la Floride. Certes tous les peuples sont capables, dans un moment d'enthousiasme, d'avoir de magnifiques élans et de faire de nobles sacrifices pour une grande idée; mais que pendant des années et des années des humbles travailleurs, la plupart pères de famille, prélèvent chaque semaine le salaire d'un jour de travail, plus un tant pour cent sur ce salaire, rognant ainsi sur le pain péniblement gagné et sur le nécessaire des êtres les plus chers, nous ne connaissons rien de plus grand, de plus beau. Ces hommes sont dignes de ceux qui sont morts pour notre liberté sur l'échafaud comme les Agüero, comme Pinto, comme Plácido; dignes de ceux qui succombèrent dans l'ivresse des combats ou dans la nuit affreuse des cachots de Ceuta... Gloire à vous, obscurs prolétaires dont les privations et les souffrances ont payé la part la plus belle sinon la plus lourde de la rançon d'un peuple!

Qu'on nous pardonne d'insister sur cette question des fonds qui ont alimenté l'insurrection cubaine, mais il faut absolument tout dire, d'autant plus que nous n'avons rien à cacher. La presse française a parfois parlé de combinaisons financières imaginées aux Etats-Unis pour acheter à bas prix des terrains à Cuba, de spéculations sur les sucres, de capitaux américains placés dans la révolution.

Dans tout cela il n'y a rien d'exact; voici la vérité. Le comité révolutionnaire cubain a fait une émission de titres dont les intérêts seront payables dès que l'indépendance de Cuba aura été proclamée. Il est possible, probable même qu'on ait acheté de ces titres aux Etats-Unis, comme on en a acheté dans l'Amérique du Sud, à Paris et même en Espagne; mais il ne s'agit nullement d'une entreprise américaine. En outre, nous savons de la bouche même de ceux qui étaient chargés de négocier ces valeurs qu'il y en a eu très peu de placées. La raison en est que la plupart de ceux à qui on les proposait étaient ou des Cubains ou des partisans désintéressés de Cuba libre qui donnaient l'argent, mais ne prenaient pas le titre.

Si les journalistes français, avant de traiter une question, prenaient la peine de l'étudier, fût-ce superficiellement, ils sauraient que le trésorier du comité cubain, M. Benjamin J. Guerra, rend compte dans *Patria*, le journal officiel de la révolution, de toutes les sommes qui entrent dans le trésor révolutionnaire et qui proviennent des mensualités des clubs, du produit de conférences, de meetings, de concerts, et des dons volontaires. Nous avouons que dans ces listes figurent parfois des donateurs américains; mais qu'y a-t-il d'extraordinaire à cela dans un pays où la cause cubaine compte tant de sympathies? Ne voyons-nous pas à Paris les dames du monde, les étudiants faire des souscriptions en faveur des Espagnols? Des Américains ont le droit de s'intéresser aux opprimés, comme des

Français ont celui de s'intéresser aux oppresseurs.

Il serait aisé de prouver — et nous le prouverons dès que nous aurons réuni tous les documents nécessaires — que les Cubains ont trouvé par les moyens précédemment exposés tout l'argent nécessaire à l'achat du matériel de guerre qu'ils ont envoyé aux insurgés. Ce matériel de guerre représente presque tous les frais de la révolution, puisque notre armée est une armée de volontaires dans laquelle tout le monde sert gratuitement et qu'elle a vécu des ressources mêmes de notre merveilleux pays. S'il était vrai que les Etats-Unis eussent alimenté la rébellion — il est évident que tout ceci ne s'applique qu'à la période qui a précédé l'intervention américaine, — nos braves soldats n'auraient pas souffert comme ils l'ont fait du manque de munitions, d'habillements, de chaussures, de médicaments, etc. Si cela était vrai, Maximo Gomez n'aurait pas entrepris sa triomphale invasion de décembre 1895 avec cinq cartouches par homme et la série de victoires qu'il remporta sur le maréchal Martinez Campos (*La Reforma, Mal Tiempo, Coliseo*) se serait terminée infailliblement par la prise de la Havane, car aujourd'hui encore les Espagnols ne s'expliquent pas qu'à cette époque la capitale ne soit pas tombée entre ses mains. Si cela était vrai, le corps d'armée révolutionnaire qui opérait dans la province de Pinar del Rio ne se serait jamais trouvé dans la situation désespérée où il fut en décembre 1896, et nous ne pleurerions pas aujourd'hui ce lion qui s'appelait Antonio Maceo. Et puisque nous venons de rappeler ce douloureux événement, c'est le moment de donner un nouvel exemple du patriotisme cubain.

Après la mort de Maceo, la colonie cubaine de Paris, désireuse de démontrer au monde que, si la mort d'Antonio Maceo nous avait remplis de douleur, elle n'avait nullement fait évanouir nos espérances ni ébranlé notre résolution de lutter jusqu'au bout, envoya à M. Estrada Palma, notre délégué aux Etats-Unis, par l'intermédiaire de M. Nicolas de Cardenas, la somme de 600,000 francs, somme qui avait été réunie en moins de quarante-huit heures.

Et qu'on sache bien que l'entrée en ligne des Etats-Unis n'a pas fait cesser nos efforts. Dans le courant du mois de mai 1898, un corps de volontaires cubains a été organisé aux Etats-Unis. Le gouvernement américain fournissait les armes et les équipements, mais il y avait des dépenses à faire, notamment pour le déplacement de ces hommes jusqu'au lieu d'embarquement. Le comité cubain de New-York, tenant à ce que ces dépenses fussent supportées par les Cubains, télégraphia à M. de Cardenas (1) que la part de la colonie de

---

(1) En écrivant ces lignes nous avons le télégramme sous les yeux. Voici d'ailleurs un extrait d'une circulaire *officielle* du délégué Estrada Palma, datée du 4 juin 1898 : « C'est une erreur grave et dont les conséquences seraient des plus fâcheuses que de supposer que l'indépendance est faite parce que les Etats-Unis ont déclaré la guerre à l'Es-

Paris dans ces dépenses avait été fixée à 60,000 francs. Vingt-quatre heures après, les 60,000 francs étaient expédiés.

Les voilà, les syndicats américains... Mais Basile a raison : « Calomniez, calomniez, il en restera toujours quelque chose. »

Au moment de faire paraître cet ouvrage, nous trouvons dans le *Temps* du 5 juillet 1898 une intéressante lettre de son correspondant à Jacksonville (Floride), qui vient confirmer tous les renseignements précédents. Nous en extrayons ce qui suit :

D'où vient l'argent ? Question sans cesse posée et jamais clairement résolue, depuis plus de trois ans qu'a éclaté l'insurrection cubaine.

. . . .

L'armée cubaine a vécu des ressources naturelles du pays et des subsistances fournies par les habitants des campagnes, et la réalité du fait se trouve confirmée par le décret de concentration de Weyler, destiné non pas tant à enlever des recrues à l'insurrection qu'à affamer les insurgés. Le sol de Cuba est si

pagne, et que les Cubains émigrés n'ont plus besoin de contribuer aux dépenses de la Délégation. En agissant ainsi nous nous exposerions à donner, à la fin de notre tâche, une idée peu favorable de nous, après le noble et beau spectacle que nous avons donné au monde entier de notre abnégation, de notre union, de notre discipline. J'EN APPELLE AU PATRIOTISME DE TOUS LES CUBAINS SANS EXCEPTION QUI RÉSIDENT A L'ÉTRANGER, ET JE COMPTE QU'ÉCOUTANT LA VOIX DU DEVOIR ILS CONTINUERONT DE PRÊTER LEUR APPUI PÉCUNIAIRE A LA DÉLÉGATION. »

fertile que dans les champs désertés et dans les forêts les insurgés trouvèrent encore assez de fruits pour se ravitailler, tandis que les reconcentrados, dans les villes, périssaient de faim par centaines de mille.

. . . .

D'après ces données, la question: « D'où vient l'argent? » se simplifie. Il y a eu comparativement peu d'argent, quelques millions ont suffi à faire vivre l'insurrection. Ces millions, 5 millions de francs, nous affirment des gens bien renseignés, sont venus à la Junte cubaine de New-York, par souscriptions à plusieurs emprunts, par dons volontaires, par contributions au moyen de ventes de charité et de festivals. Les patriotes cubains réfugiés aux Etats-Unis, au Mexique, dans l'Amérique du Sud, se sont ingéniés de mille manières à grossir le budget de l'insurrection.

D'autres ressources pécuniaires ont été tirées de Cuba même : moyennant de fortes contributions, les grands planteurs de canne à sucre et de tabac, les sucreries, les fabriques de cigares, les diverses industries, ont obtenu la protection des autorités insurrectionnelles, ce qui ne les affranchit nullement de la nécessité de fournir des subsides au gouvernement légal dans le même but de protection, et qui n'empêcha pas la ruine des trois quarts des plantations et des industries. Enfin, la République cubaine a émis du papier-monnaie, valeur fiduciaire sans autre garantie que le triomphe de la cause, que les commerçants sympathiques à l'insurrection ont acceptée par pur patriotisme ou sous le coup de la nécessité, avec le vague espoir d'en retirer quelque chose en des temps meilleurs.

A voir l'entrain avec lequel les Etats-Unis ont épousé

la cause de l'indépendance cubaine, on serait tenté de croire que les principaux commanditaires de l'insurrection sont les capitalistes américains. On a supposé qu'il s'était organisé à New-York et ailleurs des syndicats ou *trusts* dont l'objet aurait été de fomenter l'insurrection et de l'entretenir. Si ces syndicats existent, rien jusqu'ici n'a révélé leur existence. Il est difficile d'y croire. Les trusts ne se forment que sur des valeurs certaines, n'englobent que des raisons sociales inspirant toute confiance. Or, la raison sociale « République cubaine » n'a jamais inspiré de confiance aux capitalistes américains et cette méfiance s'est manifestée hautement dans la résolution du Congrès refusant de la reconnaître. Elle n'a reconnu que Cuba libre.

. . . .

Enfin, si la République cubaine avait eu l'appui d'un groupe de capitalistes, elle aurait possédé un capital, qui lui a fait évidemment défaut, puisque nous l'avons vue à l'explosion de la présente guerre avec la moitié au moins de ses soldats sans armes.

Mais s'il n'y a pas eu de *trusts* ou de syndicats américains pour fomenter l'insurrection, l'entretenir et en profiter, il existe à présent un mouvement financier d'une activité prodigieuse destiné à opérer à Cuba aussitôt après la guerre. On n'entend parler que de capitalistes tout prêts à partir à la conquête commerciale et industrielle de l'île.

Croyez-vous que Cuba soit à plaindre parce que les Etats-Unis vont lui envoyer des légions de travailleurs et employer des capitaux à développer sa merveilleuse richesse naturelle?... Le correspondant du *Temps* a donc raison de conclure :

Nous allons, en tout cas, assister à une renaissance merveilleuse de Cuba.

Voilà la première fois que nous lisons dans un journal français la vérité sur le budget de l'insurrection cubaine. C'est au bout de trois ans et demi, et alors que la partie est bien perdue pour l'Espagne, que l'on daigne rendre justice à notre patriotisme. En refusant de croire auparavant à ce patriotisme, ceux qui ont tant parlé de « syndicats américains » nous ont donné le droit de supposer qu'ils sont absolument incapables d'agir aussi noblement que nous. L'invention des fameux « syndicats américains » nous donne la mesure exacte de leur patriotisme à eux.

** **

Peut-on attribuer à l'ignorance seule la campagne anti-cubaine? — Toutes les raisons invoquées pour justifier le parti pris hispanophile sont mauvaises.

Ainsi la foule, qui peut-être est encore capable de s'enthousiasmer au spectacle de belles et grandes choses, conspue ceux qui les accomplissent. La presse hispanophile a le droit d'être fière de ce résultat qui est son œuvre.

Pendant quelque temps nous avons cru que cette presse n'était coupable que de légèreté. Si elle se montre injuste envers les Cubains, pensions-nous, c'est par ignorance. En effet cette ignorance est réelle; elle a parfois dépassé les bornes du grotesque. Nous avons vu des journaux sérieux, comme le *Temps*, prendre des stations balnéaires ou des villages (San Antonio de los Baños et Manicaragua) pour des chefs insurgés. Nous avons vu l'*Eclair* prendre un homme pour un navire et qualifier notre général Roloff de « vapeur flibustier ». Nous avons vu ce même journal publier un portrait de Maceo dont l'unique défaut (tout le reste était parfait) était de représenter Maximo Gomez. Nous avons vu un spécialiste de la politique extérieure, une fine plume, M. Hector Depasse, confondre dans l'*Echo de Paris* les Carolines avec les Canaries. Actuellement nous voyons encore un journal illustré — et colorié, ce qui est une cause supplémentaire d'erreurs — publier des paysages de Cuba entrevus sans doute à travers la fumée des pipes au fond de quelque montmartroise brasserie de rapins. Et, dans ces paysages tropicaux, « l'envoyé spécial » nous représente des soldats espagnols vêtus d'un uniforme qu'ils ne portent que dans la péninsule, les jours de parade et en hiver! Nous voyons, enfin, une feuille innomable, dont, avec une inconsciente avidité, on s'intoxique le moral à l'heure verte, donner comme type de Cubaines des cigarières ou des racoleuses de quelque cité andalouse. Mais, malgré tant d'absurdes et de ridicules productions, nous n'avons pu conserver l'illusion que la plus grande partie de la presse française nous dénigre et nous calomnie de bonne foi.

Non, ce n'est pas par ignorance qu'elle a combattu avec tant d'acharnement et si peu de pudeur la cause de la liberté cubaine. Voici quelques preuves de ce que nous affirmons.

En premier lieu, les journaux en question nous ont été plus hostiles que les journaux espagnols eux-mêmes. L'insurrection avait quelques semaines à peine, que le gouvernement espagnol, convaincu que le mouvement séparatiste était un véritable mouvement national, renonçait aux mensonges de la première heure, d'après lesquels la révolution n'était qu'une entreprise de bandits, d'assassins, d'incendiaires. Or, cette calomnie, nous la trouvons encore aujourd'hui dans la presse française (voir notamment le supplément illustré du *Petit Journal* à la date du 22 mai 1898).

En second lieu, malgré le mépris que nous inspiraient nos insulteurs, il nous est arrivé parfois, la mesure étant comble, d'adresser aux journaux des rectifications inspirées uniquement par le souci de la vérité et conçues en termes modérés. Plusieurs de nos compatriotes, des personnes instruites et de la bonne société, ont fait des efforts analogues aux nôtres. Rien n'y a fait. Après nous avoir calomnié, on nous refusait l'occasion de nous défendre. Nos rectifications étaient cavalièrement jetées au panier.

Nous avons alors songé à nous défendre nous-mêmes. Dans ce but, nous avons publié un journal (la *République cubaine*), des brochures, pour mettre sous les yeux du public notre bon droit et confondre nos calomniateurs. Contre ce journal, contre ces brochures envoyés gratuitement à la presse et aux publicistes connus, on a fait, sauf de rarissimes exceptions, la conspiration du silence.

Et pourtant nous savons que nous avons quelques amis dans la presse, mais leur silence même est une preuve qu'il y a une consigne dans la plupart des journaux. Si Mme Séverine qui « mange de l'espagnol » à propos de courses de taureaux n'en a pas dévoré à propos des *reconcentrados*, si le sympathique député, M. Gerville-Réache, n'a rien écrit pour Cuba, dont la cause lui est chère, cela tient évidemment au parti pris hispanophile des feuilles où ils collaborent. De même, feu M. Jacques Saint-Cère nous attaqua tant qu'il fut au *Figaro* et nous défendit dès qu'il eut quitté ce journal, ce qui nous laisse espérer que son successeur n'est peut-être pas plus sincère dans les articles haineux qu'il nous consacre.

Si tout ce qui précède ne suffit pas pour prouver qu'il y a un mot d'ordre dans la presse, voici autre chose. Nous savons que toutes les personnes qui ont habité Cuba sont hostiles à l'Espagne ; aussi eussions-nous souhaité que les journaux français eussent des correspondants dans l'île. Eh bien ! voici ce que nous avons remarqué à ce sujet. Le *Temps* au mois de janvier 1897, le *Soir* au mois d'avril de la même année publièrent des lettres fort intéressantes de Cuba ; mais les deux correspondants s'étant montrés cubanophiles, nous n'avons pas eu le plaisir de revoir leur prose.

S'il subsiste encore le moindre doute sur le parti

pris hostile de la presse à notre égard, le fait suivant ne peut manquer de le dissiper. On se rappelle le déluge d'outrages que nous valut la juste exécution du colonel Ruiz, venu au camp cubain pour corrompre le colonel Aranguren. Pendant quelque temps on ne parla que de « l'assassinat » du colonel Ruiz. Or, quelques jours après, le colonel Aranguren était, lui, *véritablement assassiné.*

Si Ruiz avait été fusillé après avoir été jugé et condamné en vertu d'un décret en règle, dont il avait connaissance et conforme à toutes les législations militaires, Aranguren fut massacré, sans aucune forme de procès, dans une maison où il se trouvait en compagnie d'une femme et d'un jeune enfant, qui tombèrent, eux aussi, sous les coups des assassins.

Mais voici le comble de l'infamie. Un Judas, un nègre avait, sur la promesse d'une somme d'argent, conduit les Espagnols au lieu où il savait trouver Aranguren. Pour ne pas lui payer la somme promise, les Espagnols le tuèrent également.

Nous empruntons tous ces détails aux journaux mêmes de la Havane, c'est assez dire qu'ils sont plutôt au-dessous de la vérité... Eh bien ! les journaux français, qui avaient trouvé dans le prétendu assassinat du colonel Ruiz une excellente occasion de nous insulter, se gardèrent bien de parler de l'assassinat d'Aranguren, qui fut un véritable crime, un « crime affreux », comme dit M. de Pressensé.

La consigne est donc de défendre les « nobles Castillans ». Si étranges que puissent paraître les sentiments, on ne les discute pas, tous les goûts étant dans la nature... même les goûts contre nature. Mais la presse ayant cru devoir baser ses sympathies pour l'Espagne sur des faits, nous avons le droit de discuter ces faits.

C'est maintenant contre les Etats-Unis que sont déchaînées toutes les colères. La presse est dans son droit, mais il eût mieux valu pour elle de ne pas en dire les raisons, parce que toutes celles qu'elle a invoquées sont mauvaises.

On a parlé de la solidarité des *races latines*, alors qu'il n'y a pas de races latines. Il y a des peuples de civilisation latine ou, si l'on veut, des peuples ayant conservé l'empreinte de la conquête romaine. Cette solidarité serait quelque chose comme la « voix du sang », mensongère rengaine dont l'histoire démontre l'absurdité, puisque les atrocités les plus horribles ont précisément été commises au cours des guerres civiles. Est-il nécessaire de rappeler les horreurs de la Terreur rouge, de la guerre de Vendée, de la Terreur blanche, de la Commune et de la répression versaillaise?

Et les guerres carlistes en Espagne !

Il n'y a pas de solidarité de races ; « la voix du sang » est une *ficelle* usée même dans les mélodrames. Mais cette solidarité existât-elle qu'il n'y a aucune raison pour qu'elle unisse les Français aux Espagnols. Quel rapport y a-t-il entre les premiers, qui descendent des Gaulois, d'origine celtique, de Normands, d'origine scandinave, de Francs, d'origine germanique, et les seconds, qui ont très peu de Celte, n'ont rien de Scandinave et descendent surtout des Phéniciens, des Carthaginois, des Ibères, des Goths, des Visigoths et des Arabes ? — La communauté de langue et de religion ? Cette communauté, fougueux hispanophiles, vous unit également à l'Italie qui est de plus le berceau de votre civilisation, de vos arts, et pourtant vous êtes des ennemis déclarés de l'Italie. Ah ! on ne l'appelle pas « notre sœur latine », celle-là ! Il n'y a pas de malédiction qu'on lui épargne, de calamité qu'on ne lui souhaite ; on ne prend même pas la peine de dissimuler sa joie lorsque la patrie de Galilée, de Michel Ange, de Volta et du Dante est humiliée et vaincue par un empereur africain ! Les races latines ! Mais nous en sommes aussi, nous Cubains, et cependant dans cette lutte nous étions pour l'empereur africain. Seulement ce n'est pas par rancune ; — nous n'avons aucune raison pour haïr l'Italie — c'est par principe : nous sommes pour tous les peuples qui défendent leur indépendance. Voulez-vous encore vous rendre compte de ce que vaut la solidarité de races ?

Voyez surtout le despotisme et la cruauté dont l'Espagne a fait preuve en Amérique à l'égard de ses propres enfants.

Pour gagner à l'Espagne les cœurs français, les journalistes ont été jusqu'à faire des découvertes étranges. C'est ainsi qu'ils ont parlé de « l'amitié séculaire qui unit la France à l'Espagne ». Quelle amitié ? Nous en cherchons vainement les traces dans l'histoire.

Est-ce celle de François Ier après Pavie, alors que le roi-chevalier, à peine en liberté, signa avec l'Angleterre une convention contre Charles-Quint?

Est-ce l'amitié d'Henri IV, luttant contre le duc de Parme et les Espagnols dans les plaines de Chelles?

Est-ce celle de Condé chassant les Espagnols de France?

Est-ce cette amitié qui provoqua la guerre de Flandre (1667), la guerre de 1719, l'invasion de 1808?

En vérité, où est cette amitié? Serait-ce elle par hasard qui, en un jour anniversaire de la bataille de Sedan, amena à Paris Alphonse XII, colonel de uhlans — *des uhlans de Strasbourg*, — les lèvres humides encore du champagne bu en compagnie de Bismarck à l'écrasement de la France?

Et ce que l'on ne sait assez, c'est que toutes ces guerres, notamment la criminelle invasion de 1808 et l'intervention absolutiste de 1823, ont créé en Espagne un sentiment antifrançais qui se manifeste constamment. Un dicton populaire de l'autre côté des Pyrénées proclame que « la Vierge del Pilar ne veut pas être Française. »; et nul n'ignore que ce que les Espagnols ont le plus à cœur, c'est d'être agréable à la Vierge. C'est sans doute pourquoi ils désignent les Français sous les malveillantes appellations de *franchutes* et de *gabachos* et célèbrent tous les ans la fête du *Dos de Mayo* (2 mai), d'un caractère franchement gallophobe. Et puis, lisez leurs poètes; c'est la haine du Français qui leur inspire leurs plus beaux accents. Gallegos s'écrie :

> Qu'une rancune mortelle circule dans nos veines,
> Et se répande à cent générations.

A cent générations, entendez-vous ? Et nous n'en sommes qu'à la troisième ! Écoutez leurs chants patriotiques ; assistez à leurs représentations populaires et dégustez la frénésie qui s'empare d'eux lorsque les Français mordent la poussière... des planches.

Il faudra donc que les journaux français trouvent autre chose que la rengaine des « races latines » ou de « la traditionnelle amitié franco-espagnole » pour expliquer leur hostilité contre les Etats-Unis... Mais il nous souvient qu'ils ont trouvé autre chose ; devinez quoi... Ils sont pour l'Espagne parce qu'elle est moins forte et parce qu'elle est pauvre. — Cela part d'un bon naturel, mais un peu tard. Avant l'intervention américaine, ces mêmes journalistes si chevaleresques, ont tous été contre les Cubains, qui étaient les plus faibles et qui, de plus, étaient les opprimés.

Pour ce qui est de la pauvreté de l'Espagne, qu'il nous soit permis de dire que cette pauvreté est méritée. Il fut un temps où l'Espagne disait avec orgueil que le soleil ne se couchait pas sur ses possessions. Quelles étaient ces possessions ? — Les plus riches peut-être qui soient au monde.

— Et pourquoi l'Espagne les a-t-elle perdues ? — Parce qu'elle les a opprimées si cruellement que ses *propres fils* ont dû la chasser des territoires qu'elle avait conquis.

Certes, il est beau d'avoir pitié des pauvres ; mais lorsque, au coin d'une rue, nous rencontrons un homme à l'aspect misérable, il faut, avant de le plaindre, se demander si ses haillons couvrent un malheureux ou un criminel et si la détresse qu'on a sous les yeux n'est pas une expiation.

Sachez donc que ce gueux dont la misère vous fend l'âme n'a pas toujours été tel que vous le voyez. Il est aujourd'hui à peine couvert de loques sordides, mais il s'habillait autrefois de soie et de velours. Il a dans sa poche un surin qu'il appelle *navaja*, mais il porta jadis l'épée, car il fut gentilhomme — il prétend l'être encore ! — Il eut des palais, des carrosses, des esclaves et des bourreaux. Des navires quittaient des terres lointaines pour venir déposer à ses pieds l'or dont leurs flancs étaient remplis. — Comment est-il tombé si bas ? — L'histoire vous le dira ; mais savez-vous quel est le dernier crime qu'il a commis, le dernier seulement ? Il a fait mourir de faim quatre cent mille créatures humaines : les femmes, les vieillards, les enfants de Cuba ! De faim, lentement ; il a savouré leur agonie, car c'est un gourmet du crime. Que faisait alors votre compassion, journalistes au cœur sensible ? Rien que nous sachions ; vous êtes restés indifférents. Pas tout à fait cependant : le *Journal des Débats* a appelé cela « un mal nécessaire » et le *Figaro* a vu là « les résultats pratique obtenus par le général Weyler ».

* * *

La campagne anti-américaine ; accusations injustes. — Le boycottage des produits français aux États-Unis. — *La chèvre et le chou.* — On ne s'attendait guère... à voir John Bull en cette affaire.

De quel droit les Américains interviennent-ils à Cuba ? Nous avons lu mille fois cette interrogation, car les journaux mêmes qui s'étaient montrés favorables aux Cubains sont partis en guerre contre « l'oncle Sam » (1).

Il serait trop long d'exposer les intérêts immenses que les États-Unis ont à Cuba ; nous nous bornerons à répondre ceci : cette intervention est beaucoup plus légitime que celle de la France en Espagne, en 1823, pour combattre un des rares mouvements libéraux qui se soient manifestés dans ce pays et rétablir le pouvoir absolu des Bourbons; beaucoup plus légitime que celle de la France à Rome pour défendre le pouvoir temporel du pape; beaucoup plus légitime surtout que celle de la France au Mexique pour fonder un gouvernement monarchique et européen sur un territoire républicain et américain.

Voilà des interventions armées impossibles à

____

(1) Sauf l'*Aurore* et l'*Intransigeant*.

justifier. Que dire des conquêtes proprement dites réalisées chaque jour en Asie et en Afrique ? N'est-il pas étrange de voir des journaux remplis d'articles intitulés : « La part de la France en Chine », ou « La part de la France au Niger » ou au Soudan, ou ailleurs; n'est-il pas étrange de voir ces journaux refuser aux Etats-Unis le droit d'intervenir à Cuba, alors que cette intervention n'a nullement pour but une conquête ? Le gouvernement américain a solennellement engagé sa parole à ce sujet et nul n'a le droit de douter de cette parole; nul, pas même les journalistes français de cette fin de siècle.

Il est vrai que ces journalistes ont des raisons pour ne pas croire aux actions nobles et désintéressées. L'humanité, disent-ils en haussant les épaules, est un prétexte pour s'emparer de Cuba. — Cela n'est pas. Mais quand cela serait, vous n'avez pas le droit d'y trouver à redire. Aviez-vous un prétexte humanitaire au Tonkin, au Dahomey, à Madagascar ? Il est rare que l'humanité et l'intérêt soient d'accord, et l'intervention des Etats-Unis à Cuba est, quoi que vous en disiez, une intervention humanitaire (1). Elle est plus qu'un droit; elle est un devoir... un devoir auquel la France n'au-

(1) Le journal le plus considéré de toute l'Espagne, la *Epoca*, organe ultra-conservateur, avoue que le plan de M. Canovas et de Weyler consistait à anéantir par la faim toute la population cubaine, dans l'espoir qu'une nouvelle immigration peuplerait Cuba de sujets fidèles à l'Espagne. La bien pensante *Epoca* qualifie ce plan de « grandioso ».

rait certainement pas manqué si elle se trouvait aussi près de Cuba que les Etats-Unis, car l'île héroïque aurait été affranchie par les hommes de la Convention ou de 1848, ou annexée par ceux de la troisième République.

Examinons la question au point de vue des intérêts — seul point de vue sérieux en politique — et montrons que les Etats-Unis n'ont aucun intérêt à l'annexion de Cuba.

Tout le monde sait que les Etats-Unis ont plus de territoire qu'il ne leur en faut, et la preuve en est que leurs portes sont grandes ouvertes à l'émigration européenne (1). Pour être les maîtres du marché de l'île — et leur ambition ne va pas plus loin — il leur suffit que Cuba soit indépendante, parce que Cuba n'a jamais demandé qu'à s'approvisionner chez eux.

Deux mots d'explication sont ici nécessaires. La cause principale de la révolution cubaine est d'ordre économique. L'île produit pour l'exportation et a besoin d'importer presque tout ce qu'elle consomme. Or, Cuba peut tout acheter à des prix avantageux aux Etats-Unis et ceux-ci, en revanche, achètent environ les neuf dixièmes de sa production. (Cuba exporte en moyenne pour 70,600,000 dollars ; dont 58,500,000 dollars aux Etats-Unis.)

Si l'Espagne tient tant à conserver Cuba, ce

______

(1) A l'heure actuelle on ne sait pas encore s'ils ont l'intention de garder les Philippines.

n'est pas pour défendre, comme elle le dit, l'intégrité de son territoire et sauver son honneur ; elle a perdu (dans ce siècle seulement) les dix-huit vingtièmes de ce territoire et ne se considère nullement déshonorée pour cela. Sans parler de Gibraltar. Ces grands mots ne trompent personne ; l'Espagne tient à Cuba, parce que celle-ci supporte une bonne partie de la dette espagnole et parce qu'elle fait vivre l'industrie péninsulaire. L'Espagne, en effet, force les Cubains à acheter les produits de l'industrie espagnole en frappant les produits étrangers d'un droit d'entrée à Cuba allant jusqu'à 2,30 0/00, tandis que les produits de l'industrie nationale y entrent librement. Et la sollicitude de la mère patrie est telle que, parmi les articles qui payaient les droits d'entrée les plus élevés figurent les machines indispensables à l'industrie sucrière, principale ressource de la colonie !

Les Etats-Unis ne demandent qu'à être les fournisseurs de Cuba ; ils le seront sans avoir besoin d'annexer la perle des Antilles. Et si de l'indépendance de Cuba ils tirent les mêmes avantages que de l'annexion, en revanche, ils s'en évitent les inconvénients.

Que les Etats-Unis exerceront une influence morale sur Cuba, c'est bien possible ; mais cela ne peut-être un mal pour une nation naissante ; il est même à souhaiter que cette influence nous épargne de pénibles tâtonnements et les discordes qui paralysent les petites républiques sud-américaines.

C'est le moment de répondre à l'une des insinuations les plus absurdes des journalistes français. Considérant l'annexion comme un fait accompli (uniquement parce que tel est leur bon plaisir), ils ont dit parfois que les Cubains ne gagnent rien à l'intervention américaine, qu'ils ne font que « changer de maîtres ». Ceci est absolument ridicule. Si les Etats-Unis avaient voulu s'annexer Cuba, celle-ci aurait formé un nouvel Etat dans la Confédération. Il paraît que ces messieurs ignorent ce que veulent dire ces deux mots : « Etats-Unis ».

Et depuis quand cette sollicitude pour les Cubains ? Depuis quand avez-vous le souci de leur indépendance ? Pendant trois siècles, ils ont été impitoyablement pressurés, tondus jusqu'au sang, et vous ne vous êtes guère préoccupés des crimes de leurs « maîtres ». Aujourd'hui, vous craignez pour eux ! Vous êtes trop bons, en vérité.

L'annexion, nous ne la désirons pas, puisque nous avons pris les armes pour conquérir notre indépendance ; mais nous préférons *tout* à la domination espagnole, même sous la forme de l'autonomie. L'expérience nous a appris ce que vaut la « loyauté castillane » dont on parle tant ici. En 1878 on nous fit les plus belles promesses. Celles-ci étaient garanties, suivant les propres paroles du maréchal Martinez Campos, par « l'honneur de l'Espagne » ; mais elles ne furent jamais tenues ! C'est encore pour nous faire déposer les armes, uniquement pour cela, qu'on nous a offert l'autonomie en 1897. La répression sauvage, les massacres, la faim elle-même n'ayant pu avoir raison de nous, on essaya d'un nouveau Zanjon. Lorsque la force a échoué, la perfidie. C'est toujours le système de l'Espagne. Toujours et partout : le maréchal Primo de Rivera aux Philippines avait réussi, lui aussi, à désarmer l'insurrection au moyen d'un pacte signé (1) à Bacniabato.

---

(1) Voir la séance des Cortès du 16 juin 1898 et le discours du député Muro, flétrissant la mauvaise foi du gouvernement espagnol. Plus on y pense et plus on trouve saugrenue l'invention de « la loyauté castillane ». Qu'il y ait en Espagne, comme partout ailleurs, des hommes loyaux, nous n'en avons jamais douté ; mais en tant que nation l'Espagne est peut-être la moins loyale de toutes. Vis-à-vis de ses colonies, elle a toujours cyniquement manqué à sa parole, et vis-à-vis des puissances européennes, nous ne voyons pas en quelle circonstance elle a fait preuve de loyauté. Pour l'amener à cesser le commerce des esclaves, l'Angleterre lui paie, au mois de septembre 1817, une indemnité de 400,000 livres sterling. L'Espagne accepte le marché ; elle prend l'argent... et continue de vendre de la chair humaine. La France a-t-elle eu la chance de trouver une Espagne plus loyale ? Nous ne savons pas en quelle circonstance ; ce n'est toujours pas à propos de la capitulation de Bailen... Mais on n'en finirait jamais avec les exemples.

D'ailleurs, c'est logique : la perfidie est, dans la lutte pour la vie, l'arme des faibles. Suivant le milieu où elle est employée elle prend les noms d'habileté, de tactique, de finesse. Elle est l'arme de l'Espagne, comme de la Turquie et de la Chine, car les mêmes causes produisent les mêmes effets.

Il faut une certaine dose d'audace pour parler de la loyauté de la nation qui a produit Loyola et Escobar. Les grands hommes d'un pays sont toujours l'incarnation des caractères de la race ; ils sont les produits d'un climat moral. La France a Descartes et Voltaire qui personnifient son génie *déductif* et son esprit mordant ; l'Espagne a Torquemada et Loyola, le fanatisme intransigeant et la subtilité criminelle. Et qu'on

Il est possible qu'une autonomie large, concédée à temps et sans arrière-pensée, eût retardé de vingt-cinq ans l'inévitable séparation ; mais aujourd'hui nous ne voulons rien, absolument rien avec l'Espagne.

Changer de maîtres ! Nous ne pouvions qu'y gagner... mais il n'a jamais été question de cela. C'est pour notre liberté que le canon américain gronde. Comme ils tirèrent l'épée en 1861 pour affranchir quatre millions d'esclaves, *ee* *Yankees* l'ont tirée en 1898 pour sauver un peuple condamné à l'extermination. Chose étrange, c'est à ces *Yankees* qu'on représente comme incapables d'un élan généreux que revient la gloire d'avoir entrepris les deux guerres les plus humanitaires de ce siècle ; et chose plus étrange encore, en 1861, l'opinion publique, en France, était pour les esclavagistes comme elle est aujourd'hui pour les bourreaux ! C'est que « l'égoïsme américain » est un *cliché* en France. Tout le monde y croit... comme on croit à la « chevalerie castillane ». Ah ! Gaulois, serez-vous toujours dupes des mots ?

Que de belles phrases l'intervention américaine a inspirées à nos hispanophiles ! Du coup ils ont

sache que l'Espagne actuelle ne renie aucunement ces deux spécimens de sa constitution morale : Torquemada fonctionne encore à Montjuich et le nom de Loyola (saint Ignace, s'il vous plaît) a été donné, à titre de gloire nationale, à un des navires espagnols qui sont aujourd'hui la terreur... de ceux qui doivent les utiliser.

ressuscité Pelayo, Gonzalve de Cordoue, le Cid Campeador, toutes les gloires de l'Espagne, travail de résurrection dont ils auraient pu se dispenser, puisque Torquemada est encore vivant, à telles enseignes qu'il fait les délices de la forteresse de Montjuich. En prose pompeuse (parfois même en vers), ils ont célébré cette nation noble, chevaleresque, généreuse, sublime — nous ne pouvons avoir retenu tous les adjectifs — composée *exclusivement* de héros prêts à sacrifier jusqu'à la dernière goutte de leur sang pour la sainte cause du droit (le droit d'opprimer !)... Et ces huées, ces malédictions, ces sarcasmes ? C'est le lot des *Yankees.*

Que sont ces Yankees ?

Des hommes grossiers qui n'ont pas la moindre idée de patrie, de justice, ni de rien qui ne soit pas le *dollar.*

Ça, une nation ? — « Un ramassis de commerçants louches », « les descendants de la tourbe immonde vomie par l'Europe ». — Ça, une politique ? — « De la piraterie, du brigandage. » Du reste, pouvait-on attendre autre chose de ces « marchands de cochons » ?

Et de même qu'on avait inventé l'amitié franco-espagnole qui est en réalité de l'inimitié, on inventa l'inimitié franco-américaine sans se soucier davantage de la vérité. On crut être très habile en rappelant que le général Grant avait félicité le roi de Prusse de ses victoires. Ce qui était une maladresse parce qu'on pouvait du même coup se souvenir que e premier télégramme de félicitations reçu par Guillaume Ier fut celui de l'empereur de Russie. Et puisqu'on en était aux souvenirs de l'Année terrible, pourquoi ne pas avoir rappelé également qu'à Saint-Sébastien, les Espagnols illuminaient chaque fois que leur parvenait la nouvelle d'une victoire allemande ?

On dirait vraiment que la haine de l'Américain est le sentiment qui divise le moins les Français, car jamais on ne vit pareille unanimité. Des républicains défendent une monarchie rétrograde, des libres-penseurs font bruyamment des vœux pour le succès d'une nation de fanatiques, et des conservateurs, gardiens de la tradition de la famille, traitent de « marchands de cochons » les aïeux maternels des gentilshommes qui, demain, porteront les plus beaux noms de France !

Telle est l'attitude de ceux qui ont charge d'éclairer, de diriger l'opinion. Dès lors la foule, *l'ignobile vulgus* a suivi le courant. Vite, des expositions, des concerts, des tombolas ! Comtesses *ultra select*, cabotins, académiciens doublés d'*esthètes*, professeurs de facultés, poètes qui jadis chantaient les humbles, tout le monde est d'accord. Jusqu'aux élèves des écoles françaises — pauvre jeunesse ! — qui envoient des adresses de sympathie à la jeunesse de l'Ibérie ! Tous, sans distinction de classes ni d'âge, ni de fortune, tous se rangent sous la vieille bannière d'une monarchie d'inquisiteurs. Singulier spectacle ! Dans ce duel entre deux nations dont l'une représente le progrès et l'autre le moyen âge, les fils de quatre-vingt-neuf sont pour Torquemada contre Franklin.

À l'inverse des Français qui « n'aiment pas à regarder par-dessus les frontières » — ce qui parfois leur a coûté cher — les Américains se préoccupent de tout ce qui se passe dans le monde au point de vue politique comme au point de vue scientifique et industriel. Ils ne pouvaient manquer d'apprendre que l'opinion publique, en France, leur était franchement hostile. Comme ils n'ont pas oublié La Fayette — dont ils suivent aujourd'hui l'exemple — ils furent d'abord surpris. Puis la stupéfaction fit place à un légitime ressentiment et ils résolurent, bien qu'on ait affirmé ici que « ces gens-là ne savent pas ce que c'est que le patriotisme, » de boycotter les produits de provenance française.

Tous les journaux de Paris se sont occupés de cette question de boycottage ; quelques-uns d'entre eux ont même publié des *interviews* avec des commerçants particulièrement intéressés dans cette affaire. Voici une lettre assez significative publiée par le *Matin* du 10 juin 1898 :

New-York, le 27 mai 1898.

Établissements Mauchauffée, à Troyes.

Vous êtes peut-être au courant de la campagne antiaméricaine qui a été faite dans les journaux français. Cette campagne, que je ne veux pas critiquer, a porté ses fruits dans ce pays et a amené un courant antifrançais parmi les Américains.

Nous recevons de divers côtés des demandes de nos clients de ne pas tamponner les marchandises de manière à indiquer qu'elles viennent de France, vu que beaucoup de leurs acheteurs ont refusé de prendre des produits dont la provenance française était marquée.

Il est donc urgent que vous différiez jusqu'à mon arrivée en France le tamponnage de toutes les marchandises qui ne sont pas pour livraison immédiate, et nous verrons alors quel est le moyen d'obvier à la difficulté qui se présente.

Si vous avez l'occasion de causer avec des journanalistes, vous devriez leur dire qu'ils feraient bien d'étudier les questions dont ils veulent parler ou bien de se taire.

C'est très bien d'exprimer ses sentiments personnels ; mais il n'est pas admissible que des harangueurs de café viennent jeter la perturbation dans le commerce français aux États-Unis, sous le prétexte que leur sympathie est avec l'Espagne, d'autant plus que, la plupart du temps, ils parleraient dans le sens contraire si leurs propres intérêts étaient en jeu.

Le *Matin* approuve fort judicieusement l'auteur de la lettre, et c'est ici qu'apparaissent les effets du boycottage, effets qui ne laissent pas d'être un tantinet piquants. Le *Matin* en effet qualifie de « mauvaise campagne » la campagne antiaméricaine à laquelle il a lui-même pris part, tout en se montrant — nous le reconnaissons — un peu plus modéré que certains de ses confrères.

Le commerce s'étant ému des menaces américaines, une légère réaction se dessina dans la presse; les cris de « vive l'Espagne. » devinrent un peu moins nombreux du jour où l'on s'aperçut qu'ils coûtaient de l'argent (1).

Des journaux se mirent avec une admirable désinvolture à brûler ce qu'ils avaient adoré et vice versa. Ce furent de touchantes protestations d'amitié pour la patrie de Washington, le souvenir de La Fayette sortit de l'oubli; on alla même jusqu'à reconnaître, — suprême concession ! — que l'Espagne avait mal gouverné ses colonies.

Le *Temps*, qui jadis déclarait les Cubains « indignes de toute sympathie » parce qu'ils avaient « juridiquement » et justement fusillé le corrupteur Ruiz, s'attendrit maintenant sur leur sort et proclame que, « somme toute, ils sont les plus intéressants dans toute cette affaire ». Aujourd'hui le

(1) Bien que, suivant l'*Annuaire de la Chambre de Commerce américaine à Paris*, le produit des importations américaines en France soit plus élevé que celui des importations françaises aux États-Unis, ce qui tend à faire penser que le boycottage réciproque serait plus nuisible à ces derniers qu'à la France, il convient de dire que ce serait là une opinion erronée. La France vend aux États-Unis des soieries, des tableaux, des objets d'art, c'est-à-dire des articles de luxe dont à la rigueur ils pourraient se passer ; en revanche, elle ne leur achète que des articles de première nécessité, *indispensables* à sa consommation et à son industrie, tels que le blé, le pétrole, la laine, le coton, les graisses, etc. Et si la France achète ces produits, ce n'est pas pour être agréable aux Américains, mais parce qu'elle les trouve à bon compte chez eux et qu'*elle en a besoin.*

Temps ne craint pas de railler (1) « les naïfs et bruyants champions de la solidarité des races latines et de l'alliance hispano-française ». *Rodrigue, qui l'eût dit ? — Chimène, qui l'eût cru ?...*

Mais qui donc a pu dire que la presse française a des sympathies pour l'Espagne ? D'où vient encore cette calomnie ?... — Il paraît qu'elle vient d'où viennent toutes les mauvaises choses. Vous n'y êtes pas : elle vient de la *perfide Albion*, parbleu !

Et avec un ensemble merveilleux on accusa cet infâme John Bull de vouloir brouiller la France avec les Etats-Unis, pour « pêcher en eau trouble ». Or cette brouille aurait pu avoir des conséquences fâcheuses, notamment pour le traité de commerce franco-américain dont les négociations étaient pendantes. Pour éviter le danger, les feuilles officieuses chargèrent à fond John Bull ; elles n'eurent pas assez d'indignation pour vouer au mépris public les journanx anglais qui, « sans souci de l'équité et de la justice, mènent une campagne d'insinuations contre la France ».

Nous savons — comme tout le monde — que la consigne des journaux officieux est dans tous les pays la même : il faut ménager *la chèvre et le chou.* N'empêche qu'il est parfois difficile de s'acquitter de cette tâche sans se mettre en posture ridicule. Nous en avons eu la preuve ces temps

---

(1) Le *Temps* du 17 juin 1898.

derniers. Mais voyons un peu. Est-ce la presse anglaise qui depuis plus de trois ans — depuis le début de l'insurrection cubaine — traite les Américains de pirates, de flibustiers, de peuple vil, hypocrite et grossier ? Est-ce la presse anglaise qui a fait campagne en faveur d'une intervention européenne destinée à « mettre à la raison ces *Yankees* qui se croient tout permis » ? Est-ce la presse anglaise qui a suggéré aux dames du monde et aux étudiants de France l'idée d'organiser des expositions et d'ouvrir des souscriptions au profit des Espagnols? Est-ce la presse anglaise qui a dicté à la jeunesse française les adresses de sympathies envoyées par celle-ci à la jeunesse espagnole? Et le jour où une feuille trop connue annonça la destruction de l'escadre américaine et la mort de l'amiral Sampson, est-ce la presse anglaise qui mettait sur tous les visages l'expression d'une joie telle qu'on aurait pu être tenté de croire qu'il s'agissait de la revanche de Sedan, ou pour le moins, de l'arrivée du Tsar à Paris?

Ne reniez donc pas vos sentiments ; vous vous abaisseriez sans aucun profit. Pour connaître ceux que vous nourrissez à leur égard, les Américains n'ont pas besoin de lire les journaux anglais; il leur a suffi de lire les journaux français.

La presse française a été guidée par l'intérêt... mais par l'intérêt mal entendu. — La France, et Cuba.

Une personnalité éminente de la presse à qui nous manifestions un jour notre surprise au sujet de la tendresse de ses confrères pour l'Espagne, nous répondit sans plus de façon : « Que voulez-vous ? il y a les ambassades. »

Sans prétendre que la presse actuelle soit au-dessus du soupçon de vénalité, nous ne pensons pas que tous les hispanophiles aient obéi à des intérêts aussi bas. Pour notre part, nous connaissons des incorruptibles incapables de se vendre pour de l'argent... à tel point qu'ils n'ont accepté de l'ambassade d'Espagne qu'une simple décoration.

A notre avis, les causes des sympathies pour l'Espagne sont plus complexes et du domaine de la psychologie. Il serait difficile, mais utile peut-être de déterminer la part de vanité qui entre dans le sentiment de la commisération : qu'on l'avoue ou non, on éprouve une certaine satisfaction à se comparer *in petto* à l'Espagne déchue, faible et pauvre. Il est agréable de pouvoir se donner un certain air protecteur vis-à-vis du lion de Castille devenu vieux... et inoffensif (1), car la pauvre bête n'a plus ni griffes ni dents.

(1) Dans cette décadence commune, la faute n'est pas plus au gouvernement qu'au peuple. Ce que le premier a fait, l'autre

Avec une nation comme les Etats-Unis, qui montent beaucoup plus vite encore que l'Espagne ne descend, on est privé de ces petites joies intimes. Sans être une « nation mourante » on est d'un âge respectable, on ne gagne plus en vigueur ni en hardiesse, et l'on a déjà été averti par des symptômes nombreux autant que peu équivoques qu' « il faut songer à faire la retraite ». C'est la loi inexorable de l'évolution, il faut en prendre son parti. Ainsi que le dit une locution vulgaire, on ne peut pas être et avoir été; individus et collectivités naissent, croissent, arrivent à leur apogée, puis dépérissent et meurent. Dans ces conditions, le spectacle d'un peuple « débordant de jeunesse, de sève et de puissance », suivant l'expression de M. Paul de Cassagnac, ne peut que suggérer des comparaisons intérieures peu flatteuses, et l'on en veut aux Etats-Unis de nous faire éprouver des sensations quelque peu amères, comme on chérit l'Espagne parce qu'elle est une source de sensations douces et rassurantes.

Oui, rassurantes; car ce n'est pas seulement

---

l'a commencé, approuvé ou voulu. L'intolérance catholique, la politique absolutiste, l'administration inepte et brutale ont eu la nation pour complice. Si l'on cherche la cause de cet affaiblissement continu ou de cette barbarie persistante, ce n'est pas seulement dans la sottise ni dans la folie des chefs qu'on la trouve; c'est d'abord et surtout dans cette structure intime des âmes, qui, en tout pays, impose à chaque nation sa fortune, bonne ou mauvaise, et la destine aux désastres ou aux succès. (H. TAINE, *Essais de critique et d'histoire*, p. 334.)

l'amour-propre qui est froissé. L'instinct de conservation dénonce dans cette nation, dont le développement est sans précédent dans l'histoire, un rival, un ennemi peut-être. C'est un nouveau venu dans la lutte pour la vie, et un nouveau venu dont la jeunesse, la force et l'air fier donnent à réfléchir.

En d'autres termes, il y a dans la question hispano-américaine un point de vue européen, et les seuls hispanophiles qui se soient montrés sérieux sont ceux qui, dédaignant de sottes déclamations sur les vertus « castillanes », ont prêché la croisade de l'Europe contre les États-Unis. Ceux-là, nous les félicitons d'avoir parlé franchement au nom de l'intérêt. Mais ils ont parlé au nom de l'intérêt *mal entendu.*

Nous concevons très bien que les nations européennes prennent ombrage de l'apparition d'une nouvelle puissance à l'horizon. Fortes de leurs canons et de leur manque de scrupules, elles se sont arrogé le droit de se partager entre elles des territoires asiatiques ou africains et montent la garde au chevet des « hommes malades » dont elles convoitent l'héritage. En un mot, elles mettent en pratique la formule « à nous le monde », tout en s'indignant qu'on ose dire « l'Amérique aux Américains ! » et se demandent avec inquiétude si le nouveau venu est aussi affamé qu'elles le sont elles-mêmes, et s'il ne faudra pas mettre un couvert de plus autour de la table où l'on sert, où l'on découpe, où l'on mange les faibles.

Certes, c'est un désagrément pour l'Europe que

de voir l'*oncle Sam* renoncer à des traditions pacifiques qu'elle célébrait hier encore, non sans une pointe de raillerie, mais d'autant plus volontiers que ces traditions lui assuraient une plus belle part à l'heure de la curée. C'est un désagrément que de voir celui qu'on appelait familièrement *Jonathan* armer de puissantes escadres et se préparer à développer ses institutions militaires pour tenir dignement sa place dans le monde. Mais une politique intelligente doit compter avec ce qui est.

Les Etats-Unis ont tous les éléments nécessaires pour arriver à une puissance colossale; à cela nul ne peut rien changer. Dès lors, la politique étant uniquement une question d'intérêt—et nous ne nous adressons qu'à ceux qui sont convaincus de cette vérité — l'intérêt bien entendu conseillait à la France de tenir compte de la puissance américaine, puisqu'elle existe, et d'agir de façon à se rendre cette puissance favorable en vue des éventualités futures. Si la presse avait été plus clairvoyante et si elle avait songé à l'avenir, elle n'eût pas pris fait et cause, à la fin de ce siècle de lumière et de progrès, pour un peuple « qui vit de *romanceros* contre un peuple qui vit exclusivement de science », comme a dit excellemment M. de Villedeuil dans la *Liberté*. La politique est une chose très sérieuse, dans laquelle le Cid — en supposant même qu'il n'ait pas subi des ans l'irréparable outrage — n'a absolument rien à voir.

Et qu'on ne dise pas que nous faisons l'apologie d'une politique égoïste, incompatible avec le carac-

tère chevaleresque des Français. Ce caractère chevaleresque n'a pas empêché la presse de se mettre
du côté de l'Espagne, c'est-à-dire « du côté du
manche », contre Cuba, qui était plus faible et qui
de plus avait pour elle le droit et la justice. La
presse a certainement rendu un mauvais service à
la France en manifestant des sympathies que rien
ne justifie, que ne justifient pas, en tout cas, les
raisons qu'elle a données. Et ces sympathies,
fussent-elles légitimes, elles ont été exprimées avec
si peu de mesure, si peu de tact, que les intérêts
matériels et l'influence morale de la France en
Amérique ne pouvaient qu'en souffrir.

Ce qu'il y a de plus triste pour la France en tout
ceci, c'est qu'elle a perdu des sympathies qui
auraient pu lui être utiles, sans gagner pour cela
l'affection de l'Espagne. Nous avons exposé précédemment que les Espagnols sont foncièrement
gallophobes; ils viennent de le prouver une fois de
plus et à l'occasion même — qui l'eût cru ? — des
manifestations hispanophiles auxquelles on s'est
livré ici. Funestes manifestations qui ont fait perdre
à la France l'amitié du fort sans lui valoir la reconnaissance du faible !

A plusieurs reprises déjà, des ministres, des
députés espagnols ont exprimé le désappointement
causé par le caractère platonique des manifestations hispanophiles; ils ont donné à entendre que
la multiplicité et le ton enthousiaste de ces manifestations leur avaient fait espérer un appui plus
effectif. Le gouvernement français ayant gardé une

attitude absolument neutre, les Espagnols se plaignent aujourd'hui qu'on les ait poussés à la lutte pour les abandonner ensuite à leur triste sort. Les conséquences se devinent; voici ce que nous lisons dans le *premier-Paris* du journal *le Temps*, à la date du 17 juin 1898 :

Hier encore, les journaux de la Péninsule parlaient volontiers de la solidarité des races latines. Ils faisaient appel à la France. Ils faisaient miroiter devant elle cent perspectives séduisantes en échange de son appui. Aujourd'hui, changement à vue. *Cette même presse déclare bien haut qu'il faut faire tous les sacrifices pour se procurer le concours de la triple alliance.* Ils assurent que le pays ratifierait sans peine les concessions suivantes à l'Allemagne : des avantages pratiques, tels que stations navales; dépôts de charbon, etc., dans l'océan Pacifique; des cessions de territoire dans ces parages ou plus près; l'assistance de l'Espagne pour le développement des relations politiques et commerciales de l'Allemagne avec le Maroc; enfin, un traité de commerce.

On voit qu'il y a dans tout Espagnol un gallophobe qui ne sommeille même pas. Ceci nous amène à parler de la cruelle déception que nous devons à la presse française, nous autres Cubains.

** * **

Les Cubains ont toujours adoré — le mot n'est pas trop fort — la France, et cela pour de nombreuses raisons, car il n'y a pas d'effets sans causes. Comme tous les peuples opprimés, le peuple cubain croyait avoir une amie, sinon une protectrice, dans la nation qui leva l'étendard de la liberté contre « l'étendard sanglant de la tyrannie »... Quelle tyrannie en effet fut jamais aussi sanglante que celle qui a pesé sur nous pendant trois siècles ?

Tout s'enchaîne : le despotisme espagnol et le voisinage de peuples libres nous avaient mis au cœur un amour ardent de la liberté, et l'amour de la liberté nous avait fait aimer passionnément la France. Ne voulant à aucun prix de la nationalité de nos bourreaux, nous avions fait de la France notre patrie adoptive.

Ce n'est pas en Espagne que nos jeunes gens vont s'instruire; c'est aux maîtres français qu'ils viennent demander leur science. C'est à Paris que se sont formés — et distingués — nos compatriotes José-Maria de Heredia, l'académicien, le peintre Collazo, les violonistes Diaz Albertini et White, les docteurs Landetta, Almagro et Lavin qui furent internes des hôpitaux de Paris, le docteur Albarran, qui est professeur à la Faculté de médecine, et Reynoso, et Poëy, et tant d'autres. Et tandis que nous traversons l'Atlantique, nous Cubains, pour venir boire aux sources françaises, les Espagnols ne traversent pas les Pyrénées et fréquentent des écoles dont les maîtres enseignent encore la science du xviie siècle !

En fait d'histoire, c'est l'histoire de France que nous apprenions avec avidité, avec ivresse, surtout l'histoire de cette grandiose et généreuse épopée qui a nom la Révolution française. Les gloires de l'Espagne ! Loin d'en tirer vanité, nous ne voulions même pas en entendre parler, car elles nous apparaissaient faites des souffrances des opprimés, de la flamme des bûchers, des horreurs de l'Inquisition. Dans le drapeau de la marâtre patrie, nous n'avons jamais vu que l'or et le sang, son seul but et son seul moyen... Mais quels frissons nous secouaient, quelles douces larmes nous versions lorsque, dans nos chers livres français, dans Michelet, dans Lamartine, nous trouvions ces mots qui, sur nous, pauvres opprimés, avaient un pouvoir magique : *Liberté, Egalité, Fraternité ! Et la patrie en danger !* Nous éprouvions le désir de voler à son secours aux accents de la *Marseillaise* comme s'il se fût agi de la nôtre... et c'était la nôtre, celle que nous avions choisie, c'était notre mère adoptive, la généreuse et héroïque France de quatre-vingt-douze, de Jemmapes et de Valmy !

Ah ! Girondins !... Ah ! Charlotte Corday, Mᵐᵉ Roland, André Chénier, Lucile Desmoulins ! que de paupières cubaines a mouillées votre touchant souvenir ! — Et nos poètes bien-aimés, n'étaient-ce pas vous, vous seuls, Lamartine, Hugo, Musset ? N'étaient-ce pas vos vers immortels qui chantaient dans notre mémoire ? — Le Cid et Don Quichotte nous intéressaient infiniment moins que Rolla et Jocelyn, car nous nous considérions comme Français. Notre drapeau, ce n'était pas le drapeau sang et or qui flotte sur les palais de nos oppresseurs ;

c'était le drapeau dans les plis duquel dorment Marceau et Hoche.

. . . . , ...

Hélas ! tout cela est loin de nous, si loin que, par instants, on se défie de l'histoire et l'on se demande : Est-il bien vrai qu'un Français ait dit : « Périssent les colonies, mais sauvons les principes ! » Est-il bien vrai que la France ait autrefois déclaré « que tout peuple qui·voudrait être libre trouverait en elle appui, fraternité » (1)?... Ah ! maudits soient les temps présents dont l'ignominie est telle qu'à leurs propres tristesses ils ajoutent cette amertume suprême de faire douter de la beauté du passé !...

Et l'avenir ?... Nul ne peut dire ce qu'il sera, mais nous craignons que la douloureuse désillusion que nous avons tous éprouvée n'ait fait perdre à la France l'amour du jeune peuple cubain. Et la perte est plus considérable qu'on ne le croit généralement : grâce à la fertilité merveilleuse de son sol, grâce à son admirable position géographique dominant le golfe du Mexique et le futur canal interocéanique de Nicaragua, Cuba est destinée à un prodigieux avenir qui, sans la domination espagnole, serait déjà un présent. Et, à cette heure où l'on parle de la prépondérance de l'élément anglo-saxon dans le monde, il eût mieux valu pour la France d'éviter cette perte. Et penser que la chose

---

(1) Vote de la Convention nationale, en date du 19 novembre 1792.

eût été si facile! Nos cœurs ne demandaient qu'à battre à l'unisson des cœurs français.

Ce ne sont pas les Cubains, en tout cas, qui sont responsables. Et l'on reconnaîtra que si nous ne nous sommes pas jetés dans les bras des Anglo-Saxons qui, somme toute, sont nos libérateurs, — comme ils furent ceux de l'Espagne elle-même (1808-1813) et ceux de toute l'Europe (1815) (1)—ce n'est certainement pas la faute des « latins » qui pendant trois siècles nous ont traités comme des bêtes de somme, ni des autres « latins » qui, pendant que nous luttions pour les mêmes principes qui ont fait leur gloire, nous ont accablés d'avanies et n'ont cessé de faire des vœux pour que notre esclavage fût éternel.

Peùt-être, après tout, n'est-ce pas un mal pour la nation cubaine que d'entrer dans la vie avec une illusion de moins et sachant déjà qu'il est des nations qui éclairent encore, mais à la façon de ces astres tellement éloignés qu'ils nous semblent éclatants de lumière, alors qu'ils roulent, éteints depuis des siècles, dans la profondeur insondable de l'espace.

____

(1) Par intérêt sans aucun doute, mais par intérêt *bien entendu.*

Paris. — Imp. Paul Dupont (Cl.)   702.7.98.

9 782019 688684